COLLANA DUELLO

CODICE
DEL DUELLO

**PEL CONTE DI
CHATAUVILLARD
1864
Tradotto in italiano**

Editore

Accademia Nazionale di Scherma

Napoli

2024

PREFAZIONE

Se il codice del duello è fuori le leggi, se non può esistere codice, tranne quello dalla legge sancito, non esitiamo però a dar questo nome alle regole imposte dall'onore, che l'onore non è cosa men sacra delle leggi governative. Ognuno può trovarsi nella dura necessità d'esporre la vita per far vendetta d'un offesa, d'un' ingiuria. E faccenda importante abbastanza per la vita perché sia anticipatamente regolata secondo le forme volute dalla delicatezza e dal dritto. Esempli perpetuamente rinascenti ci provano ogni di la necessità di stabilirla in maniera formale, e di schivar così errori che compromettono la vita d'un amico, assassini! che si tengono celati per non dar alle famiglie il disonore d'una recrimina. Insomma, questo dritto è la salvaguardia di tutti: se è' violato, se il sangue di una vittima vien a gridar vendetta, esso sorgerà a svergognar un mancator di fede; interverrà ancora ad aiutar il coraggioso che fosse accusato di omicidio, per difenderlo, assolverlo, e far cader su chi contr'esso inveisce l'infamia d' una riprovevole accusa.

Le pene più severe contro i duelli t gli editti de' re, i decreti de' parlamenti, le rimostranze del clero, la protesta pubblica di parecchi gentiluomini di rifiutar ogni appello, le lettere e circolari de' prelati, de' dottori in teologia, degli amministratori d'ospedali eh' erano incaricati della confisca de' beni, la pena di morte, inflitta a'combattenti, la vigilanza della polizia oggi e la repressione che i tribunali conservatori han tentato opporre a'delitti, nulla ha potuto arrestarne il corso.

É dunque un dovere, è un servigio da rendere all'umanità lo stabilirne le regole ed è in questo scopo che gli uomini più onorevoli, ravvisando questa questione, tutta filantropica, secondo la sua importanza, son venuti ad invitar l'autore a pubblicar questo saggio. I buoni consigli di questi uomini di cuore, il loro ingegno, la loro cooperazione coscienziosa li han fatti veri collaboratori [1] (1) e non hanno più permesso al redattore d'esitare, ma sarà riconoscente e lieto se le persone istruite nella materia vorranno trasmettergli le loro osservazioni, le loro note ed aiutarlo de' loro lumi.

Il codice del duello non è fatto nello scopo di predicarlo, per incoraggiar le teste giovanili alle probabilità funeste d'inutili combattimenti, ma per imparar a'secondi, inesperti ad ufficio tanto importante, quanto una parola, una parola sola, può tornar a danno di colui che affida loro l'onore e la vita- La menoma imprevidenza, il menomo errore d'un padrino possono compromettere l'uno e l'altra. Egli è il sostegno ed il giudice di colui che lo sceglie, deve porre l'onor di lui nel proprio e tutta la sua energia a non perder nessuna occasione vantaggiosa per colui di cui assume le parti.

Noi fortunato se potremo ottener lo scopo che ci proponiamo e fare, con la precisione e la chiarezza de' nostri consigli, che tutti que' casi in cui l'offesa non è che nella fantasia dell'offeso non abbiano conseguenze sanguinose e che quelle, in cui l'onore e la necessità comandano all'uomo di cuore uno scontro, si effettuino nelle norme del dritto comune a tutti.

CONTE DI CHATAUVILLARD

---

[1] Il sig. generale conte Excelmans, il conte Du Hallay-Coetquen, il generale barane Gourgand, Brivois, il visconte de Contades.

CODICE DEL DUELLO

CAPO I. Dell'offesa

1. Se, in un alterco prodotto da una discussione, interviene un'ingiuria, l'ingiuriato è certamente l'offeso; ma se l'ingiuria è seguita da una percossa, colui che" la riceve è l'offeso. Chiunque tocca, percuote. Però non facciamo qui una serie di differenze. Rispondere ad una guanciata con una percossa che cagiona una ferita grave non fa sì che l'offeso sia il ferito, ma lo è colui che prima è stato toccato.

2. L'ingiuria grave costituisce a sufficienza l'offesa, e benché l'ingiuriato abbia risposto con un'altra villania, egli resta l'offeso.

3. Se ad una espressione scortese si risponde con un'ingiuria, se l'aggressore e l'avversario si pretendono entrambi offesi, non v'è da esitare a rimettere la sorte tutte le circostanze dello scontro che deve risultarne.

4. Se non fu detta alcuna ingiuria, ma se dopo un diverbio in cui le norme dell'urbanità e della cortesia furono esattamente seguite, uno degli antagonisti domanda soddisfazione, egli non è perciò considerato come aggressore, né quegli che accetta il duello come offeso. Tutte le circostanze di questo scontro debbono essere lasciate alla sorte.

5. Se alcuno manda una sfida senza ragione sufficiente, egli è certamente l'aggressore, ed i padrini, prima di permettere lo scontro, debbono domandarne la ragione sufficiente.

6. Il figlio può prendere la difesa del padre, troppo

debole per rispondere ad un'offesa, se l'avversario è più vicino all' età del figlio che a quella del padre, e se questi ha 60 anni almeno; egli assume tutte le parti della persona offesa, e profitta de' di lei -diritti. Il figlio non può intervenire nell'affare del padre, se quest' ultimo è l'aggressore.

7. Possono esservi delle offese gravi che necessitano una rappresaglia subita; ma, in regola generale, bisogna sempre evitare quelle lotte a cui la violenza sola può trascinarci. Non è necessario per battersi di venire alle mani, ed una lotta dà luogo necessariamente ad un duello ad oltranza.

8. Vari sono i gradi nelle offese e noi li distingueremo così: l'offesa; — l'offesa con insulto; — l'offesa con percosse o ferite. In ciascuno di questi tre casi l'offeso non ha uguali privilegi.

9. L'offeso sceglie le armi, che divengono quelle dell'aggressore.

10.L'offeso con insulto grave sceglie il duello e le armi.

11.L'offeso con percosse o ferite sceglie il duello, le armi, le distanze e può esigere che l'avversario non si serva d'armi di sua proprietà; ma deve in questo caso non servirsi delle sue.

12.La scelta del duello non può esser fatta che fra' duelli legali; e se si vuol ricorrere ai duelli eccezionali, che possono anche esser rifiutati dall'aggressore, bisogna il consenso scambievole dei combattenti ed inoltre un processo verbale delle convenzioni fatte a tale riguardo da' testimoni.

CAPO II Della natura delle armi

1. Tre sono le armi legali:

La spada,

La pistola,

La sciabola.

Ogni altra arma è di convenzione reciproca, e la sciabola può anche essere rifiutala dall'aggressore, s'è uffiziale in ritiro e non atto a servirsene; può esser sempre rifiutata da un individuo borghese.

2. Le armi debbono essere di natura da poter servirsene in duello.

CAPO III Del duello e dell'appello

1. Quando mandasi una sfida, colui che la manda, sia offeso o aggressore, deve dare, per quanto è possibile, il suo nome ed il suo indirizzo, e colui che la riceve deve anch'esso rispondere allo appello col suo indirizzo e col suo nome.

2. I due avversari debbono tosto cercare i padrini e mandarsi reciprocamente il nome e l'indirizzo de' medesimi.

3. Se gli avversari si danno un ritrovo, se s'accordano circa le armi (Cap. IV. art. 7.), è una precipitazione condannevole, giacche non cangia per nulla la natura della questione, se non per aggravar i pericoli dello scontro, o renderlo derisorio con tardive spiegazioni.

4. L' onore non può soffrir nessuna lesione dietro la dichiarazione d'un torto da parte di colui che realmente

l'avesse avuto. Se colui che ha fatto insulto ne fa riparazione sufficiente, se questa riparazione può annullar l'offesa, secondo il parere de'padrini, di quello stesso che ha fatto T ingiuria; se i detti testimoni dichiarano che in simile caso sarebbero soddisfatti, e se sono pronti a firmar una dichiarazione scritta in questi sensi; se colui che ha calunniato scrive una lettera di riparazione ben esplicita, colui che ha fatto la riparazione, se non è accettata, non è più considerato come aggressore e la scelta delle armi è lasciata alla sorte; ma ad una percossa non ve scusa possibile. Queste riparazioni non sono valevoli se non fatte innanzi a'padrini riuniti (art. 3 del cap IV). Bisogna sempre evitare che queste conciliazioni abbiano luogo sul terreno, tranne che, per la loro posizione sociale, i padrini sieno stati nell' impossibilità d'incontrarsi prima.

5. Tuttavia se, con le armi alla mano, conviene ad uno dei combattenti di presentare all'altro delle scuse valevoli, che i padrini della parte avversa ricevano per buone, il biasimo non può cadere che su colui che le ha fatte.

6. Se i padrini son quelli che sul terreno presentano le scuse in luogo e vece di colui che assistono, il biasimo, se può esservene, ricadrebbe su loro soli; giacché il loro protetto deve deferenza ai loro avvisi; si sono Fenduti responsabili e garanti del suo onore.

7. Nessun cartello può esser mandato in nome collettivo. Se un corpo, una associazione, una riunione qualunque di parecchi individui ha ricevuto un insulto, non appartiene al corpo, all'associazione o all'assemblea se non il dritto di mandar uno de' suoi membri per vendicar l'insulto. Un cartello in nome collettivo è sempre rifiutabile ed a colui che lo riceve appartiene sia di

scegliere fra coloro che lo presentano, sia di domandare che la sorte indichi uno di loro.

8. Sarebbe intender male i doveri di amicizia, di parentela, foss'anche al grado fraterno, il voler far vendetta di colui che, difendendo la sua vita con onore, avesse avuto un vantaggio sull'amico, sul parente, sul fratello stesso di colui che si risente; potrebbe paragonarsi alla famiglia che osasse profittare del benefizio della legge e perseguitarlo ingiustamente.

9. Ogni duello deve aver luogo nelle quarantott' ore, salvo convenzione contraria da parte dei padrini.

CAPO IV De' padrini; del loro dovere in generale

1. I padrini debbono essere in numero di due per ogni combattente nel duello alla sciabola o alla pistola. Un padrino per ognuno basta nel duello alla spada; ma, in ogni caso, s'è possibile, meglio vale aver due padrini

2. I padrini di quello che manda la sfida debbono andare a trovar quelli fieli' avversario e dar loro una posta per regolare le convenzioni dello scontro.

3. I padrini debbono giudicare della necessità o dell'inutilità dello scontro, dirne il loro parere a colui di cui prendono le parti, riportandosi all' art. 4. Del capo III. Dopo essersi consultati col campione che assistono, per non lasciarsi fuggire nessuna circostanza, che gli sia vantaggiosa, debbono riunirsi, sforzarsi di venire ad una conciliazione, se l'affare è conciliabile; discutere fra loro le armi, le distanze, fissare l'ora dello scontro ed avvertirne tosto i combattenti. Debbono anche accordarsi,

conformandosi alle regole stabilite, su tutti i punti che potrebbero provocare una difficoltà sul terreno.

4. I padrini non sono i -secondi; ogni secondo deve avere i suoi padrini, se a questo titolo è stato scelto dal suo amico.

5. Nessun testimonio deve accettare un duello immediato. È un affare nuovo che non è affatto della stessa natura.

6. Il dovere dei padrini consiste nel regolar le cose in modo che vi sia il menomo svantaggio possibile per colui che accompagnano, non pertanto debbono sempre essere giusti, equi cortesi scambievolmente.

7. Se l'affare si presenta sopra un caso grave, se l'insulto è patente, se non può esservi discussione sulle armi, se ognuno de' combattenti è atto a servirsene, se il convegno è stato dato ed accettato, se il duello è state scelto dai due avversari, i padrini chiamati possono approvare le convenzioni già fatte, vigilare all'esecuzione leale del combattimento, che ha luogo senz'altra formalità, ma secondo le regole prescritte nel 1° paragrafo di ogni arma.

8. Bisogna evitare di restare più di dieci minuti sul terreno senza che gli avversari vengano alle armi.

9. I padrini debbono dichiarare primamente quali sono le armi che scelgono e conformarsi agli articoli 9, 10 e 11 del capo I.

10.I padrini dell'insultato, se trattasi della spada, possono domandare che il ferro, possa esser deviato colla mano sinistra. I padrini dell'aggressore hanno il diritto di accettare o rifiutare questa domanda. (Vedi capo V. art. 44, della spada).

11.I padrini dell'aggressore possono rifiutare, se trattasi della pistola, il duello a segnale, se il loro campione non ha commesso verso il suo antagonista nessun atto di violenza.

12.I padrini debbono stabilire fra loro se i combattenti si arresteranno per riprendere fiato.

13.Debbono stabilire fra loro, senza farne parte al loro amico, se il combattimento finirà alla prima ferita data o ricevuta; la gravità dell'affare o la sua poca importanza è in ciò loro guida.

14.Debbono stabilire se gli avversari metteranno guanti di scherma o ogni altra difesa alla mano altra che un laccio: un guanto ordinario è sempre permesso.

15.I padrini non debbono mai dichiarare fra loro che il duello è a morte; ma potranno dichiarare che gli avversari ricominceranno, se trattasi d'un affare grave; o anche cambieranno armi se F insultato è nel caso dell'art. 4 4 del capo I.

16.I padrini possono rifiutare la spada se trattasi d' un uomo storpiato in modo da non poter servirsene, salvo che l'insultalo non sia nel caso dell'art 11 del capitolo I.

17.I padrini d'un uomo cieco d'un occhio possono rifiutare la pistola, tranne s'egli è l'aggressore e l'insultato sia nel caso degli art. 10 ed 11 del capo I.

I padrini d'un uomo che ha perduto il braccio destro possono rifiutare la sciabola o la spada, tranne s'egli è l'aggressore e l'insultato sia nel caso dell'art. 11 del capo I.

18.I padrini d'un uomo che ha perduto una gamba possono rifiutare la sciabola o la spada, tranne s'egli è l'aggressore, e l'insultato sia nel caso dell'articolo 11 del capo l. Ma se questo rifiuto ha luogo, i padrini dell'insultato, in qualunque categoria egli sia, scelgono fra i duelli alla pistola il duello e le distanze.

19. I padrini d'un giovane non debbono mai lasciarlo battere con un uomo di più di 60 anni, tranne se il giovane è stato percosso da colui che ha passato l'età dei combattimenti. Bisogna ancora che quest'ultimo gli mandi per iscritto la sfida o l'accettazione della sfida. Il suo rifiuto di scrivere equivale al rifiuto del duello e tutti i padrini riuniti ne redigono un processo verbale, che deve bastare all'onore offeso del giovane.

20. I padrini debbono, se l'affare ha luogo contro le regole, redigerne processo verbale ed agire contro l'autore dell'infrazione innanzi a'tribunali, per tutte le vie di dritto in loro potere.

21. I padrini della parte contro la quale una querela in contravvenzione o assassinio è mossa, sono impegnati di onore a dire la verità. La colpa d' altronde non può ricader sovr'essi, tranne se abbiano prestato man forte, il che non è supponibile.

22. I padrini debbono arrestare il combattimento a loro rischio e pericolo, se s'avvedono sia d'una contravvenzione alle regole-stabilite, sia d'una ferita.

23. I padrini possono sempre arrestare un combattimento, per consenso fra loro, quando i due campioni si sono battuti coraggiosamente; ciò dipende dalla loro volontà, ma meglio ancora, dalla natura dell'affare.

24. Tutti i padrini sfidati da altri padrini, per causa del duello a cui assistono se hanno ragione nella discussione che dà luogo a questo nuovo appello, si considereranno offesi secondo l'art. 11 del capo 1.

25. Un padre, un fratello, un figlio, insomma un
parente in primo grado non può essere padrino del
suo parente né contro il suo parente.

CAPO V. Del duello alla spada

1. Giunti sul terreno, gli avversari non debbono fra loro aver nessuna spiegazione, essendo loro rappresentanti i padrini; e se, per ignoranza delle costumanze, si riunissero e prendessero una qualunque risoluzione, essa può considerarsi da' padrini come nulla e non avvenuta.

2. I padrini, dopo essersi accordati circa il terreno più uguale pe' campioni e più atto al combattimento, segnano i due posti, ad una distanza di due piedi più lunga che non bisogna per unire le due punte delle spade, quando gli avversari stanno nello squarcio del colpo dritto.

3. I posti, dopo essere stati scelti dai padrini il più ugualmente possibile, son tirati a sorte.

4. Quando gli avversari sono al loro posto, i padrini misurano le armi che debbon essere uguali.

5. Le lame delle spade non debbono, in nessun caso, essere affilate nè intaccate

6. I combattenti son invitati a spogliarsi dei loro panni c debbono scoprire il petto in modo da lasciar vedere ai padrini che nessun corpo estraneo è capace di parare un colpo di spada. Un rifiuto da parte loro equivarrebbe ad un rifiuto del combattimento.

7. L'insultato può sempre servirsi delle sue armi, se son atte al combattimento e se egli è nel caso dell'art. 4 l cI.

8. Se, per imprevidenza, le armi non fossero uguali, la sorte deciderebbe della scelta, tranne se la differenza fosse troppa e l'arma inammissibile per un combattimento di questo genere.

9. Il fazzoletto di cui il combattente si fascia la mano non deve pendere: i padrini dell'avversario, dopo avercelo fatto avvertito, possono ingiungergli di toglierlo e di non servirsi che d'un laccio.

10. Se fu convenuto di metter guanti di scherma e sul luogo del combattimento uno degli avversari li rifiuta, l'altro può servirsene. Ma se ne fu portato un solo, ninno deve avere questo vantaggio.

11. Quando i combattenti sono in presenza, il padrino indicato dalla sorte deve dichiarar loro quali sono le con dizioni adottate pel combattimento, perché nessuno possa allontanarsene, sotto pretesto d'ignoranza. Dopo la dichiarazione dà il segnale con questa sola parola: - «A NOI!»

12. Se prima di questo segnale le spade si sonò toccate o congiunte per la volontà sola de' combattenti, questa dimostrazione equivale al segnale; ma colui che, pel primo, se avanzato, è biasimevole ed i padrini indistintamente possono ricordarglielo.

13. I padrini sono armati ognuno d'una spada o d'un bastone, di cui tengono. la punta abbassata, e si pongono da ogni lato de' combattenti, guardandoli attentamente e pronti a fermarli se accade che il combattimento esca dalle regole, o se s'avvedono d'una ferita.

14. In ogni duello alla spada, per evitare che uno de’ combattenti possa deviare con la mano sinistra l’arma dell’avversario, è proibito di parar i colpi con questa mano, salvo una convenzione. (art. 40 cap. IV.)

15. Se uno de’combattenti devia il ferro dell’avversario con la mano sinistra, senza che questa convenzione sia stata espressamente fatta, il padrino della parte, lesa può domandare che la mano del colpevole sia legata in modo che non possa ripetere l’errore.

16. Abbassarsi, allungarsi, gettarsi a destra o a sinistra, dar indietro, gettarsi innanzi, girare intorno all’avversario, è nelle regole del combattimento.

17. Ferir l’avversario quando è disarmato; quando è a terra afferrargli la mano o il corpo, prendere la sua spada con la mano son cose fuori delle regole di questo duello.

18. Un combattente è disarmato quando la sua spada è visibilmente uscita dalla sua mano o ne è fuggita.

19. Quando uno de’ combattenti dichiara di esser ferito, o uno de’padrini, qualunque sia, se n’avvede, il combattimento dev’esser subito sospeso, finché piaccia al padrino del ferito di dire:» RICOMINCIATE.» Non deve però farlo se non dopo il consenso del ferito medesimo. (V. Doveri de'padrini).

20. Se il ferito, dopo essersi da’ padrini ordinato di sospendere il combattimento, continua ad incrociar il ferro con precipitazione, o si getta sull’avversario ciò equivale al consenso di proseguir il combattimento; ma i suoi padrini

debbono fermarlo di nuovo e sgridarlo. Se, dopo arrestato il combattimento e dopo aver dichiarato che uno è ferito, colui che è incolume si getta invece sull'avversario, tutti i padrini debbono rattenerlo, e la sua azione dev'esser considerata come contraria alle regole di questo duello.

21. Se uno de'padrini, ne'casi precitati, o vedendo che i campioni sono stanchi, leva il bastone o la spada; ciò vuol dire eh' egli domanda che il combattimento sia sospeso. Il padrino della parte avversa può dire: — a FERMATE 1» — e gli avversari danno indietro d'un passo per fermarsi. Ma debbono sempre restar in guardia, anche se uno di loro crede aver ferito l'altro.

22. Se uno de'due combattenti è ucciso o ferito, fuori delle regole del combattimento, i padrini debbono riportarsi agli art. 20 e 21 del capo IV.

CAPO VI De' duelli alla pistola

Vari sono i duelli alla pistola; ina una regola, comune a tutti, è che la distanza più corta fra' combattenti dev'essere di quindici passi; che la mira delle armi dev'essere perfettamente ferma, e che non deve esservi fra dette armi una differenza di più di quindici linee di lunghezza della canna. È preferibile, ed i padrini debbono desiderare, in questa specie di scontri, che le pistole non sieno cannellate, ed entrambe sieno della stessa natura.

DUELLO ALLA PISTOLA, A PIÈ FERMO

1. padrini segnano, il più ugualmente possibile, i posti e le distanze, che debbono essere da 15 a 35 passi.
2. I posti, dopo essere stati scelti il più ugualmente possibile, sono tirati a sorte.
3. Le armi debbono essere uguali dello stesso paio di pistole; tuttavia può essere anticipatamente convenuto che ognuno si servirà delle sue.
4. L'insultato, se è nella classe dell'art. 11 del capo 1, può servirsi delle sue armi ma a patto di darne una all'avversario, che può accettarla o dimandarne un'altra, o, in questo caso, servirsi delle proprie.
5. Nel caso dell'articolo che precede, colui a cui appartengono le armi deve darne la scelta all'avversario, tranne il caso in cui ciascuno prenda le proprie. Altrimenti i padrini debbono sortire quello de' due campioni che sceglierà il primo fra le armi destinate al combattimento.
6. I padrini debbono caricare le armi con la più scrupolosa attenzione, alla presenza di tutti. Ognuno di loro, se uno stesso paio di pistole serve al combattimento, deve dar alla parte avversa la misura della carica., paragonando con la stessa bacchetta il contenuto delle pistole. Altrimenti si contentano di caricare gli uni innanzi agli altri, uno dopo l'altro, in presenza de' quattro padrini.
7. Uno de' padrini di ognuno de' combattenti conduce il suo amico al posto che gli ha destinato la sorte.

8. Se le distanze sono fissate a 35 passi, l'insultato, se è nella classe del 10. o 11. art. del capo I, fa fuoco il primo. Se le distanze sono più brevi, i padrini tirano fra loro a sorte per sapere quale de' due campioni deve far fuoco il primo.

9. I padrini, prima di prender i loro posti, s'avvicinano al combattente avversario, e questo è obbligato a mostrar loro che nessun corpo estraneo è capace di garantirlo dalla palla. Il suo rifiuto equivarrebbe al rifiuto del duello.

10. 1 padrini si pongono tutti dalla stessa banda.

11. Quando i padrini sono disposti, quello che la sorte ha indicato dice ai combattenti quali sono le condizioni del duello, poi dice: «PRONTI!»

12. Dopo la parola— «pronti,» — che prepara al segno, aggiunge per dar il segno; «Fuoco!»

13. Se la polvere non esplode, il colpo vale come tirato, salvo convenzioni contrarie.

14. Se colui che deve far fuoco il secondo è ferito, e dopo due minuti non ha avuto la forza di far fuoco non può più far fuoco.

15. Quando i due colpi sono stati esplosi senza ferita ed il duello continua si ricaricano le armi nello stesso modo che prima del combattimento.

16. Se uno de' due combattenti è ucciso o ferito, fuori le regole del combattimento, i padrini debbono riportarsi agli art. 20 e 21 del capo IV.

DEL DUELLO ALLA PISTOLA, A VOLONTÀ

Si seguono le stesse norme del precedente, se non che, derogando all'art. 8 del Duello a piè fermo, i combattenti sono posti alla distanza di 25 passi e schiena contro schiena, - il segnale si dà con la sola parola: — «FUOCO!» — A questa parola i combattenti si voltano e fanno a volontà.

DEL DUELLO ALLA PISTOLA, CAMMINANDO

1. Arrivati sul terreno, i padrini segnano le distanze, che debbono essere da quaranta a trentacinque passi; due linee sono tirate ugualmente fra queste distanze che debbono essere lontane l'una dall'altra da venti a quindici passi: cosi dunque ciascun combattente può avanzare dieci passi.
2. I posti, dopo essere stati scelti il più ugualmente possibile, sono destinati a sorte.
3. Le armi debbono essere quasi uguali, o meglio dello stesso paio di pistole, tranne non siesi anticipatamente convenuto che ognuno si servirà delle sue.
4. L'insultato può servirsi delle sue armi, se è nella classe dell'art. 11 del capo I, essendo però obbligato a darne una all'avversario, che può rifiutarla, e servirsi in questo caso delle proprie.
5. Sia che i padrini siesi accordati di lasciare i combattenti servirsi d' un paio di pistole appartenente ad uno di loro, o che uno de' combattenti sieno nella classe dell'articolo che

precede, il proprietario delle armi deve sempre darne la scelta all'avversario.

6. I padrini debbono caricare le armi gli uni innanzi agli altri. Ognuno di loro deve mostrare alla parte avversa la misura della sua carica, introducendo la bacchetta nella canna.

7. I padrini conducono il loro amico al posto che gli è stato destinato dalla sorte.

8. I padrini tirano a sorte qual è quello de combattenti che sceglierà l'arma, salvo che non sia nel caso degli articoli 4 e 5 del presente capitolo.

9. I padrini s'avvicinano al combattente della parte avversa, e questi mostra loro che nessun corpo estraneo è capace di garentirlo dalla palla, il suo rifiuto Rivarrebbe ad un rifiuto del duello.

10. 10. I padrini, dopo aver rimesso le armi alle parti contendenti, prendono posto dalla stessa banda.

11. 11. Il padrino indicato dalla sorte ricorda combattenti le convenzioni del duello, poi dà il segnale con questa sola parola: — «AVANTI!»

12. 12. I combattenti avanzano, se vogliono, ma debbono farlo in dritta linea uno contro l'altro; son obbligati a tener la pistola verticalmente camminando; possono spianar la pistola fermandosi, ed anche senza sparare, ricamminare dopo, arrivare fino alla linea segnata da un bastone o da un fazzoletto fra le distanze, senza mai sorpassarla, sparare dal loro posto prima di camminare, sparare dopo aver camminato, sparare quando meglio vogliono.

13. Si può sempre sparare contro lo avversario, quando si è serbato il colpo; si può anche avanzare

lino alla linea segnata; ma l'avversario non è obbligato ad avanzare, sia che abbia ricevuto, sia che non abbia ricevuto il fuoco.

14. Colui che ha sparato deve aspettar il fuoco dell'avversario nell'immobilità più perfetta; tuttavia quest'ultimo non deve mettere più d'un minuto d'intervallo per avanzare e sparare. Se passa il minuto, i padrini debbono far deporre le armi.

15. 11 ferito può sparare contro l'avversario; ma non deve lasciar passare più d'un minuto dopo essere stato ferito, nè più di due se è caduto.

16. In questa specie di duello, si possono dar due pistole ad ogni combattente, ma i padrini non debbono acconsentire a ciò, se non quando uno degli avversari trovasi nel caso dell'art. 44 del capo 1.

17. Se è convenuto di dar due pistole ad ogni combattente, lo stesso paio non può servire ad un solo ed ognuno ha una pistola di ogni paio. Tuttavia, dietro loro domanda espressa, può ognuno servirsi delle sue, per consenso scambievole, se non v'ha opposizione da parte de'padrini.

18. I padrini, se il duello ha luogo come è dello nell'art. 46, non possono fermarlo che dopo essere stati sparali i quattro colpi, salvo che uno non sia ferito. In questo caso, cioè se uno dei combattenti è ferito, il combattimento deve necessariamente essere fermato, ed il ferito, se non ha simultaneamente fatto fuoco nel ricevere il colpo, non deve più sparare, giacché il suo avversario,

potendo aver una seconda pistola carica, avrebbe, anche esponendosi al suo fuoco, troppo vantaggio su lui.

19. Se il duello continua, ricaricansi le armi nello stesso modo che prima del combattimento; ma non può continuare se uno de'due è ferito, nemmeno a richiesta del ferito, salvo se i padrini non lo credano atto al combattimento.

20. Se uno de'due combattenti è ucciso o ferito, fuori le regole del combattimento, i padrini debbono riportarsi agli art. 20 e 24 del cap. IV.

DUELLO ALLA PISTOLA A CAMMINÒ INTERROTTO

1. Giunti sul terreno, i padrini segnano le distanze, che debbono essere da 50 a 45 passi. Due linee sono tracciate a distanza uguale da'due punti estremi, e debbono avere fra F una e l'altra l'intervallo di 20 a 45 passi: così dunque ogni combattente può avanzare quindici passi.

2. 1 posti, dopo essere stati scelti il più ugualmente possibile, sono tirati a sorte. La sorte decide ugualmente quale de'due campioni sceglierà il primo fra le armi destinate al combattimento.

3. Le armi non debbono essere conosciute da' combattenti e debbono essere dello stesso paio di pistole.

4. I padrini debbono caricare le armi gli uni innanzi agli altri; ognuno di loro deve far vedere al padrino avversario la misura della sua carica, introducendo la bacchetta nella canna.

5. I padrini conducono il loro amico al posto che gli è stato destinato dalla sorte.

6. I padrini s'avvicinano al combattente della parte avversa, e questi deve mostrar loro che non ha addosso nessun corpo estraneo capace di garantirlo dalla palla. Il suo rifiuto equivarrebbe ad un rifiuto del duello.

7. I padrini danno le armi, cominciando dal combattente che la sorte ha destinato per scegliere il primo.

8. I padrini prendono posto da una stessa banda.

9. Il padrino indicato dalla sorte dice a'combattenti le convenzioni del duello; poi dà il segnale con la parola: — «AVANTI!»

10. I combattenti avanzano uno contro l'altro; possono avanzar a zig-zag senza però allontanarsi di più di due passi dalla linea retta che li conduce. alla linea di limite, possono camminare dritto alla linea di limite, fermarsi, restar fermi senz' avanzare se lo credono più vantaggioso, spianare la pistola senza far fuoco, anche camminando, fermarsi e far fuoco; ma al primo colpo, entrambi i campioni debbono restar fermi.

11. Quello de'due avversari che non ha fatto fuoco, può sparare, ma senza avanzare.

12. Colui che ha fatto fuoco, deve aspettar il fuoco dell'avversario nell'immobilità più assoluta; ma l'avversario non ha che mezzo minuto per far fuoco; se lascia passare mezzo minuto senza far fuoco, i padrini debbono fargli deporre, le armi.

13. Il ferito può far fuoco contro l'avversario, ma se dopo un minuto non ha fatto fuoco, deve deporre le armi.

14. Se il duello continua, le cose debbono aver luogo come è detto nel paragrafo precedente, ma non può continuare se uno è ferito, malgrado la domanda del ferito, a meno d' aver il consenso de'padrini.

15. Se uno de' combattenti è ucciso o ferito fuori le regole del combattimento, i padrini debbono riportarsi agli art. 20 e 21 del capo IV.

DUELLO ALLA PISTOLA. A LINEA PARALLELA

1. Giunti sul terreno, due linee parallele sono tracciate da' padrini, a 4 5 passi l'una dall'altra e lunga ognuna da 35 a 25 passi.

2. I posti, dopo essere stati scelti il più ugualmente possibile, sono tirati a sorte. La sorte decide parimenti quale dei due campioni sceglierà fra le armi destinate al combattimento.

3. L'insultato può servirsi delle sue armi se è nella classe dell'alt. 11 del capo I, con obbligo di darne una al suo Avversario, che può rifiutarla e servirsi, in questo caso, delle proprie.

4. Se i padrini sono d'accordo di lasciare i combattenti servirsi d'un paio di pistole appartenenti ad uno di loro, o se Uno de' combattenti è nella classe dello Viticolo che precede, il proprietario delle armi deve sempre darne la scelta all'avversario.

5. Se la convenzione ne è stata fatta da' padrini, ognuno può anche servirsi delle sue armi; se' questa convenzione non è stata fatta, le armi debbono essere quasi uguali, è meglio, dello stesso paio di pistole.

6. I padrini debbono caricare le armi, gli unì innanzi agli altri. Ognuno di loro deve mostrare al padrino avverso la misura della sua carica, introducendo la bacchetta nella canna.

7. I padrini conducono i loro amici al posto che è stato loro destinato dalla sorte. Questi posti sono all' estremità di ogni linea, uno a destra, l'altro a sinistra.

8. I padrini s'avvicinano al combattente della parte avversa e questi mostra loro che nessun corpo estraneo è capace di preservarlo dalla palla. Il suo rifiuto equivarrebbe ad un rifiuto del duello.

9. Uno de'padrini indicato dalla sorte s'avvicina ai combattenti e ricorda loro le convenzioni del duello.

10. I padrini danno le armi e prendono posto disseminandosi, cioè due padrini avversi dietro uno de' combattenti e due altri dietro l'altro: si pongono inversamente, in modo da essere al sicuro dal fuoco ed a portata di fermarli, se occorre.

Quello indicato dalla sorte dà il segnale con la parola: «AVANTI!»

11. I campioni avanzano non uno contro l'altro, ma ognuno nella direzione della linea che gli è stata tracciata, ed a volontà, di guisa che, seguendo questa linea, trovasi naturalmente avvicinato al suo avversario di 15 passi, sia che questi abbia camminato o sia stato fermo.

12. Il campione che vuole far fuoco deve fermarsi, ma può fermarsi senza tirare e camminare dopo che il suo avversario ha fatto fuoco. Ognuno può far fuoco a volontà.

13. Se uno de'campioni è ferito, può far fuoco contro l'avversario che non è obbligalo ad avanzare; ma non ha per far ciò che due minuti, a partire dal momento in cui è caduto.

14. Colui che ha fatto fuoco il primo dev'aspettar il fuoco dell'avversario nell' immobilità assoluta tuttavia, quest'ultimo non deve mettere più di mezzo minuto per avanzare e tirare. Se passa mezzo minuto, i padrini debbono far deporre le armi.

15. Se il duello continua, le cose debbono aver luogo com'è stato detto. Non può continuare se uno è ferito, salvo se i padrini vi consentano, dietro sua domanda.

16. Se uno de'combattenti è ucciso o ferito, fuori le regole di questo duello, i padrini debbono riportarsi agli art. 20 e 24 del capo IV.

DEL DUELLO ALLA PISTOLA ED AL SEGNALE

1. Il duello al segnale è quello fra tutti, al quale bisogna dare la più scrupolosa attenzione, giacché trattasi della vita e dell'onore.
2. Giunti sul terreno, i padrini segnano, il più ugualmente possibile, i posti e le distanze, che debbono essere da 35 a 25 passi.
3. La scelta de' posti si tira a sorte.
4. Bisogna al possibile servirsi di armi ignote ai due campioni, ma dello stesso paio di pistole. L'insultato, se è nella classe dell'art. 44 del capo I, può servirsi delle sue armi, con obbligo di darne una all' avversario, che può prenderla o rifiutarla, e servirsi, in questo caso, delle sue.
5. I padrini debbono caricar le armi gli uni innanzi agli altri, ed ognuno di loro deve mostrar alla parte avversa la misura della carica, introducendo la bacchetta nella canna.
6. Dopo aver sortito i posti, i padrini conducono il loro amico a quello che gli è destinato.
7. La scelta delle armi, se trattasi dello stesso paio di pistole, è tirata a sorte, salvo se ognuno de' combattenti per convenzione reciproca non si serva delle sue, per consentimento unanime de'padrini. o uno de'padrini dell'insultato, se Io insultato è nel caso dell'art. 11 del capo I, è quegli che deve dar i segnali, battendo le mani ma deve darli nell' intervallo di 3 a 9 secondi, o di 2 a 6 secondi, cioè 3 secondi fra ogni segnale, che producono 9 secondi pe'3 segnali o 21 secondi fra ogni segnale che producono 6 secondi pe' 3 segnali. Non è

obbligato ad avvertire i padrini avversari della scelta che ha fatta fra queste due maniere di dar il segnale.

8. Se l'insultato è nella classe dello art. ì 1 del capo 1, i padrini tirano a sorte a chi darà il segnale.

9. Il segnale (nel caso degli articoli che precedono) si dà con tre colpi battuti nella m.no, ad uguale distanza gli uni dagli altri, nell'intervallo di 2 secondi a 6 secondi pe'tre colpi.

10. I combattenti, appena hanno ricevuto le loro armi, debbono armarle e tener la bocca della canna abbassata verso la terra, aspettando il segnale.

11. Al primo segnale, i combattenti debbono levar l'arma, fra il primo, durante il secondo e fino al terzo, prender la mira. Al terzo, che sieno o no in li-ea, tirare simultaneamente.

12. Se uno de' combattenti fa fuoco prima del terzo segno, o mezzo secondo dopo il terzo segno, è un uomo svergognato, e se uccide l'avversario, è un assassino. Se fa fuoco prima del terzo segno, il suo avversario può prendere tutto il tempo che vuole per tirare, e tirare senza scrupolo.

13. Se uno de' combattenti ha fatto fuoco al terzo segno, e secondo la regola, e l'altro campione resta a prendere la mira, i padrini debbono gettarsi, a loro rischio e pericolo, fra gli avversari, e far abbassare le armi; ed in questo caso, i padrini di quello che ha osservato le convenzioni possono domandare qualunque altro duello e rifiutar questo; ed i padrini di colui che è rimasto con l'arma spianata debbono rimproverarlo severamente ed acconsentire all' altro duello.

14. Quel padrino che deve far il segnale deve, prima di farlo, dir ad alta voce ai combattenti: «Ricordatevi, signori, che l'onore impone che ognuno di voi faccia fuoco al terzo segnale, non levi l'arma prima del primo segnale e non faccia fuoco prima del terzo. Ora darò il segnale, battendo tre volte le mani.» Poi, dà il segno.

15. Se nessuno de'combattenti è ferito ed il duello ricomincia, tutto deve aver luogo com'è detto nel presente duello.

16. Se uno de'combattenti è ucciso o ferito, fuori le regole del combattimento, i padrini debbono riportarsi agli art. 20 e 21 del capo 1V.

CAPO VII DEL DUELLO ALLA SCIABOLA

1. Bisognano per questa specie di duello due padrini ad ogni combattente, ed uno di loro dev'esser armato di una sciabola; i padrini debbono anche, per quanto è possibile, fare che i combattenti si servano di sciabole corte, perché meno funeste.

2. Arrivati sul terreno, gli avversari non debbono fra loro aver nessuna spiegazione, avendo essi rimesso pieni poteri a' padrini.

3. 1 padrini, dopo avere scelto il terreno più uguale pe' campioni e più atto al combattimento, segnano i due posti, lasciando un piede di distanza tra le punte, calcolando che i due avversari si trovino nello squarcio.

4. 1 padrini, dopa aver tirato a sorte la scelta dei posti, conducono il loro amico al posto destinatogli dalla sorte.

5. Per questo duello si adoperano ordinariamente guanti di scherma; ma i padrini dell'insultato, se questi è nelle condizioni dell'art. 41 del capo 1, possono imporre che non si adoperino. Nondimeno ognuno ha naturalmente il dritto di calzar un guanto semplice o di fasciarsi la mano in un fazzoletto, purché le punte non pendano giù.

6. Se l'insultato, nella classe degli art. 10 ed 11 del capo 1, vuol servirsi di guanti di scherma, i padrini debbono presentarne uno simile all' avversario, e se questi rifiuta, l'insultato può servirsene e l'avversario metterne uno di sua proprietà.

7. Quando i combattenti sono al loro posto, i padrini misurano le lame che debbono esser uguali. La scelta dell'arma, se le sciabole formano un sol paio, spetta alla sorte. Se, per imprevidenza, le armi non fossero uguali, la sorte deciderebbe anche la scelta; ma se le armi sono troppo sproporzionate per questo combattimento, dev'essere necessariamente differito-

8. Tuttavolta, derogando all' art. precedente, se i due combattenti sono militari ed appartengono allo stesso reggimento ognuno si serve della propria sciabola, purché le sciabole abbiano la stessa impugnatura, e sieno simili.

9. L' insultato, se è nella classe dell'art. 11 del capo 1, può servirsi d'armi di sua proprietà, con obbligo d'offrirne una simile all'avversario, che può rifiutarla ed in questo caso servirsi delle proprie;

tuttavia, se la differenza di dette armi è svantaggiosa per l'uno o per T altro, tocca a'padrini ovviare a questo inconveniente, sia differendo lo scontro, sia presentando due paia di sciabole che convengano all' insultato. La scelta del paio appartiene, in questo caso, all'insultato; e nel paio accettato, la scelta dell'arma appartiene all' avversano.

10. 1 padrini, dopo aver invitato i combattenti a spogliar gli abiti ed i corpetti, s'avvicinano al campione della parte avversa a questi deve mostrar loro il petto scoperto, tanto da assicurarli che nessun ostacolo può opporsi alla punta o alla lama della sciabola. Il suo rifiuto equivarrebbe al rifiuto del duello.

11. Terminati questi preliminari, il padrino indicato dalla sorte spiega a'combattenti quali sono le convenzioni del duello e rimette loro le armi, raccomandando loro d'aspettar il segnale.

12. Quando i padrini sono disposti dividendosi da ogni lato de'combattenti, quello indicato dalla sorte dà il segnale con queste sole parole: «A NOI!»

13. Se, prima del segnale, le punte delle sciabole si sono congiunte per volontà de'combattenti, questa dimostrazione equivale al segnale; ma quest' azione, se uno di loro la provoca, è biasimevole.

14. Quando il segnale è dato, i combattenti tirano colpi, parano, avanzano, danno indietro, si curvano, si girano, si piegano, fanno tutte le giravolte che sembrano loro vantaggiose: son queste le regole del combattimento.

15. Ferir l'avversario disarmato, quando è a terra, afferrargli il braccio o il corpo, prendergli l'arma son cose fuori le regole del combattimento.

16. Un combattente è disarmato quando la sciabola gli è visibilmente balzata via dalla mano, o n'è fuggita.

17. Quando uno de'combattenti è ferito, i suoi padrini debbono arrestar il combattimento finché piaccia loro di ricominciare.

18. Quando, senza ferita, uno dei padrini vuol arrestar il combattimento, lo domanda con un segno al padrino avversario levando il bastone o l'arma, e, dietro sua risposta affermativa con lo stesso segno, può sospendere il combattimento.

19. Può essere convenuto anticipata- mente fra' padrini, d' arrestar il duello al primo o al secondo sangue: l'umanità e la gravità dell'affare debbono in ciò guidarli.

20. Se uno de'due combattenti è ucciso o ferito fuori le regole del combattimento, i padrini debbono riportarsi agli art. 20 e 21 del capo IV.

DEL DUELLO ALLA SCIABOLA SENZA COLPI DI PUNTA

1. Bisogna, per quanto è possibile, in questo duello servirsi di sciabole senza punta.

2. Due padrini, per ogni combattente, sono indispensabili per questo duello.

3. I padrini, dopo avere scelto il terreno più uguale per questo combattimento, segnano i due posti a

tale distanza che le punte delle spade si tocchino quando gli avversari sono nello squarcio.

4. Ognuno può servirsi di guanti da scherma, purché l'avversario ne sia munito, o se può fargli offerta d'un guanto affatto simile; altrimenti i padrini decidono.

5. Le armi debbono essere della stessa natura, senza differenza nessuna e nuove pe.' due campioni; tuttavolta, se gli avversari sono militari e dello stesso reggimento, ognuno può servirsi della sua sciabola, purché entrambe sieno simili e di pari impugnatura.

6. I padrini, dopo aver tirato a sorte la scelta dei posti, conducono il loro amico a quello che gli è destinato dalla sorte.

7. I padrini tirano a sorte qual è quello de' due campioni che sceglierà le armi.

8. Il padrino indicato dalla sorte per dar il segnale deve spiegare a'combattenti le convenzioni di questo duello, che sono di non servirsi, in nessun caso e sotto nessun pretesto, della punta della sciabola, e deve dichiarar loro che l'onore ve li obbliga.

9. I padrini invitano il loro amico a spogliarsi ed i combattenti si denudano fino alla cintura. Possono tuttavolta conservar gli straccali de'calzoni se son soliti d'adoperarli.

10. I padrini presentano le armi a quello de' campioni che dalla sorte è stato destinato a sceglier le sue il primo; e, presentando l'ultima, debbono ad entrambi raccomandare d'aspettare il segnale.

11. I due padrini avversari si pongono da ogni lato di ciascun combattente ed il segnale si dà con le parole: — «A NOI!»

12. Quando il segnale è dato, i combattenti vengono all' armi, evitando di ferir l'avversario d'un colpo di punta, il che sarebbe un vero assassinio, giacché egli non poteva esser in, guardia contro questo colpo. Allungarsi, abbassarsi, avanzarsi, indietreggiare, girare, giravoltare e portar tutti i colpi di taglio, non fermandosi che alla voce de'padrini, sono le regole di questo combattimento.

13. I padrini debbono sempre arrestare i combattenti al primo sangue, per sapere se il ferito può continuar il combattimento; i suoi padrini ne sono giudici. È anche uso per questo duello di terminarlo alla prima ferita.

14. Se uno de'combattenti è ucciso o ferito fuori le regole del combattimento, i padrini debbono riportarsi agli art. 20 e 21 del capo 1V.

DE' DUELLI ECCEZIONALI

CAPO VIII DE' DUELLI ECCEZIONALI

Non senza rincrescimento parliamo qui de'duelli eccezionali, e nella speranza di renderli più- rari raccomandiamo a'padrini di non permettere di ricorrervi se non ne'casi fin qui impreveduti, anzi eccezionali aneli' essi, e tanto rari che debbono essere scrupolosamente ponderati da loro. Se dunque la necessità li comanda, i padrini debbono, senz' aver riguardo alle regole scritte che non sono qui se non come consigli, far un processo Verbale che stabilisca le convenzioni e farlo firmare dalle parti contendenti, dopo, averlo essi stessi firmato. Nessun padrino è obbligato a firmare dietro domanda de'padrini avversari. Nessun combattente è obbligato ad accettare le convenzioni fatte da'suoi padrini stessi nè a firmare; giacché l'onore può prescrivere di arrischiare la vita ma non di giocarla; insomma questi duelli non sono mai obbligatoriamente accettabili. due avversari possono battersi a piedi ed a cavallo ed in ogni modo e con tutte le armi purché le convenzioni sieno fatte per iscritto e firmate da' combattenti stessi. Niuno è obbligato ad accettarle o a firmarle, ed in questi duelli di convenzione non possono esistere regole, tranne quelle scritte da'padrini, in doppio esemplare.

In un combattimento a cavallo, i padrini debbono essere a cavallo. I combattenti, sieno qualunque le armi che abbiano scelte, sono posti a 25 passi di distanza l'uno dall' altro. La scelta del terreno e delle armi si fa come pei duelli precedenti è descritta nel primo duello d'ogni arma.

A nessuno spetta di tirar il primo. Il segnale dà soltanto principio al combattimento.

Alla carabina i combattenti sono posti a 60 passi. La sorte decide chi tirerà il primo, e il segnale si dà con tre colpi battuti nella mano ed ognuno tira a volontà dopo il terzo segnale.

Al fucile, i combattenti son posti a 60 passi od a 100 passi per camminare; ed il segnale si dà con questa parola: — «Fuoco!» — Ognuno fa fuoco a volontà. I fucili debbono essere dello stesso sistema, e si stabilisce prima se i combattenti possono essi stessi ricaricare le armi per tirare quando meglio vorranno e fin dove avanzeranno, se debbono camminare.

Alla pistola, le distanze sono quelle stabilite dal processo verbale del combattimento, e possono essere minori che ne' duelli ordinari ed anche si può permettere a'combattenti di camminare l'uno verso l'altro fino a bruciapelo, facendo fuoco a volontà. Tuttavia consigliamo, in uno scopo d' umanità, di non mai restringerle a meno di dieci passi, come sarà detto qui sotto nel paragrafo che abbiamo creduto dovere scrivere come consiglio sopra questi duelli.

Se uno de' combattenti, dopo aver fatto lettura delle convenzioni del combattimento, agisce contro le regole scritte da'padrini e perciò contro quelle dell'onore, i padrini debbono riportarsi agli art. 20 e 21 del capo IV.

DEL DUELLO ECCEZIONALE ALLA PISTOLA, A DISTANZE MINORI

1. Lo ripetiamo, nessun duello eccezionale è obbligatoriamente accettabile, secondo i dettami dell'onore. Le distanze possono essere a 10 passi. Consigliamo a'padrini di non permetterle minori.
2. I posti dopo essere stati ugualmente scelti, si tirano a sorte.
3. I padrini caricano le armi alla presenza di tutti; debbono essere dello stesso paio di pistole e sconosciute a'combattenti.
4. I padrini tirano a sorte a chi sceglierà l'arma.
5. I padrini tirano a sorte a chi fra loro darà il segnale.
6. Il padrino destinato dalla sorte per dare il segno legge a'combattenti le convenzioni di questo duello.
7. I padrini conducono gli avversari a'posti destinati loro dalla sorte e li mettono schiena contro schiena.
8. Il padrino incaricato di dar il segnale dice a'combattenti: —*Badate, signori, al segnale che darò e non vi voltate a faccia a faccia se non quando ' avrò dato il segnale; preparatevi ad ascoltarlo.» Poi fa una pausa.
9. Il segnale si dà con la parola: «Fuoco!».
10. Alla parola «fuoco!» — i combattenti si voltano e fanno fuoco a volontà.
11. Se il combattimento continua, tutto deve aver luogo com' è stato descritto negli articoli precedenti.

12. 12. 1 padrini, se alcuno trasgredisce le regole dell'onore e del processo verbale del combattimento, debbono riportarsi agli art. 20 e 21 del capo 1V.

DEL DUELLO ECCEZIONALE ALLA, PISTOLA CON UNA SOLA ARMA CARICA

Questo duello non può proporsi se non in circostanze straordinarie e non è mai obbligatoriamente accettabile.

Farsi padrino d'un duello eccezionale è già assumere un'enorme responsabilità; farsi padrino di questo è prender una responsabilità anche più grande giacché è il più atroce e pericoloso: diamo queste istruzioni perché se ne sono veduti crudeli e deplorabili esempli; ma dichiariamo che ninno fra noi non accetterebbe di far da padrino in un combattimento di questa natura.

1. Bisogna servirsi per questo duello di pistole non cannellate.

2. Giunti sul terreno, due padrini avversari si ritirano a 50 passi almeno dal luogo del combattimento, tranne che non possano, più vicino, essere nascosti alla vista de'combattenti. Caricano un'arma, pongono all'altra' la capsula come se fosse carica; e fatta quest'operazione, fanno segno a'due padrini rimasti accanto a'combattenti di venir a prendere le armi. Quello indicato dalla sorte per darle a'combattenti resta fermo. L'altro le riceve da quelli che le hanno caricate, poscia, senza

parlare, le dà a colui che deve rimetterle a'combattenti.

3. Essendo stata la scelta delle armi tirata a sorte anticipatamente, l'ultimo padrino che le ha ricevute s'avvicina ai combattenti, tenendole dietro la schiena, e colui che la sorte ha destinato a scegliere dice: «dritta» o: «sinistra» ed il padrino gli rimette l'arma che tiene nella mano indicata.

4. I due padrini incaricati di prendere le armi assistono soli al combattimento e sono anch'essi armati; s'avanzano a 3 passi da'combattenti: i due altri restano a circa 20 passi di distanza.

5. È dovere de' padrini di prender seco un chirurgo in questa specie di duello, in cui una ferita grave è immancabile.

6. Il padrino indicato dalla sorte legge a'combattenti le convenzioni del duello.

7. I padrini presentano a'combattenti un fazzoletto che ognuno di questi prende per un capo: debbono spogliarsi l'abito e mostrar il petto al padrino dell'avversario. Il rifiuto equivarrebbe al rifiuto del duello.

8. Il segnale si dà con un colpo battuto nella mano.

9. Se uno di loro fa fuoco prima del segnale, l'altro può in tutta coscienza ucciderlo a bruciapelo. Se quegli che fa fuoco prima del segnale uccide l'avversario, i padrini del morto son obbligati d'onore ad agir contro l'assassino per tutte le vie di dritto in loro potere.

DEL DUELLO ECCEZIONALE ALLA PISTOLA A CAMMINO NON INTERROTTO ED A LINEA PARALLELA

Di tutti i duelli alla pistola questo è Jl meno pericoloso, e se è messo fuori te regole, gli è che può essere di tanto svantaggio per uno de'due campioni, che bisogna necessariamente il- consenso di tutti i padrini per adottarlo. É quindi rifiutabile come duello eccezionale ed esige le stesse formalità.

1. Giunti i combattenti sul terreno, due linee, lunghe trentacinque passi, sono tracciate parallelamente a venticinque passi di distanza l'una dall'altra.

2. I posti, dopo essere stati scelti il più ugualmente possibile, sono tirati a sorte. La sorte decide ugualmente quello de' due campioni che il primo sceglierà fra le armi destinate a questo combattimento.

3. Le armi non debbono essere conosciute da'campioni.

4. I padrini-debbono caricare le armi in palese. Ognuno di loro deve far vedere al padrino avversario la misura della sua carica, introducendo la bacchetta nella canna.

5. 1 padrini conducono i loro amici al posto che è stato loro assegnato dalla sorte. I posti sono all' estremità di ogni linea parallela, l'uno dirimpetto all'altro.

6. 1 padrini s'avvicinano al combattente della parte avversa e questi mostra loro che nessun corpo estraneo è capace di preservarlo dalla palla. Il suo rifiuto sarebbe un rifiuto del duello.

7. 11 padrino indicato dalla sorte si avvicina agli avversari e legge il processo verbale del combattimento.

8. 1 padrini danno le armi e prendono posto sparpagliandosi, cioè due padrini avversari dietro uno dei combattenti, e i due altri dietro l'altro. Si pongono in modo di essere al 'sicuro dal fuoco, cioè all'inversa, ed a portata di fermarli se bisogna. Quello indicato dalla sorte dà il segnale colla parola: «AVANTI!»

9. I combattenti camminano non l'uno contro l'altro, ma ognuno nella direzione della linea che gli è stata tracciata, sicché, seguendo questa linea, si trovano tutto al più ravvicinati a venticinque passi.

10. I campioni non possono fermarsi; debbono al segnale camminare simultaneamente senza fermarsi. Anche per far fuoco debbono far fuoco camminando.

11. Se uno dei due è ferito, non ha per far fuoco che lo spazio di tempo che bisogna al suo avversario per giungere al termine della sua linea; quest'ultimo deve giungervi, non correndo, ma camminando, ed il combattimento è terminato.

12. Se nessuno è ferito, è uso di arrestare questo duello ai primi fuochi d'una parte e dell'altra.

13. Se uno dei combattenti è ucciso o ferito, fuori delle condizioni fatte e sottoscritte dai padrini, quest' ultimi debbono riportarsi agli articoli 20 e 21 del capo IV.

COMMENTARII

OSSERVAZIONI SUI DUELLI

Avendomi parecchie persone inviato delle osservazioni, di cui son loro grato e li ringrazio, mi son affrettato a sommetterle a'miei amici, che, dopo averle discusse, le hanno per la più parte a- dottate, e ne hanno fatto una giusta applicazione. Ho riconosciuto la necessità di spiegar alcune regole mal comprese, e senza commentare parzialmente ogni paragrafo, si potrà qui trovare ad ogni capitolo un commentario, che basterà, spero, a chiarire e precisare le nostre idee.

DELLL'OFFESA

Definir l'offesa è difficile. Un tale, a cui si dirà una villania non se ne chiamerà leso; tal altro, per una semplice contraddizione, si terrà ingiuriato; questi crederà un'ingiuria grave ciò che è appena una scortesia; quegli, al contrario, dopo aver percosso un uomo sul viso, dirà d1 essere stato prima gravemente insultato e vorrà anche scegliere le armi. La maggior difficoltà è di classificare l'ingiuria, perchè è quale la si sente, e la si sente in mille modi diversi. Bisogna quindi necessariamente, per mettere una linea di demarcazione fra le offese, separarne l'ingiuria veramente grave, quella che intacca V onore, e la più grave di tutte, una percossa sul viso. Se bisogna, in certe occasioni, molto ritegno, questo ritegno è contato e per così dire compensato dal vantaggio che dà sull' aggressore.

Un figlio non può troppo esser imparziale quando crede suo padre offeso; è quindi più che mai necessario di far passare il suo ardore per la trafila fredda de' padrini; e perchè possa prender la difesa del padre, bisogna che suo padre sia stato veramente e gravemente offeso; che non abbia provocato l'offesa con un'offesa uguale; che abbia ragione e che finalmente l'aggressione sia flagrante e facile a dimostrare. Questa dimanda di una riparazione, da parte d'un figlio, dev'essere apprezzata al suo giusto valore da' padrini, che possono rifiutare questo duello, se l'insulto non è flagrante.

DEL DUELLO E DELL'APPELLO

L'uomo che si batte si batte necessariamente per vendicar un'ingiuria, o per dare all' avversario soddisfazione del- l'ingiuria eh' egli stesso gli ha fatta. Se essa è senza ragione, è un torto che a lui solo appartiene, di cui egli è il solo giudice; per espiarlo compromette la sua vita. Meglio sarebbe, senza dubbio, confessar i torti per risparmiarsi de'rimorsi. Ma sarebbe un torto più grande ancora anche da parte d'un fratello, il voler fare vendetta di colui che dà soddisfazione o la riceve e che dalla sorte delle armi è favorito. Troppo spesso si sono veduti dei padrini, degli amici, domandar conto del sangue sparso, domandar anzi anticipatamente un secondo duello, il che basta per influire sul morale del combattente. Per esser equo in tale occasione, sarebbe il caso, per colui che riceve questo doppiò attacco, di ricorrere a'duelli de' tempi passati c di far rivivere l'uso de' secondi. È tanto ragionevole che degli estranei sieno campioni di tale o tale, che di battersi senza ragione con tale o tale, per un litigio con un amico di lui. Questa ingiusta provocazione tenderebbe necessariamente a perpetuar una particolare inimicizia all'infinito. Non è più una riparazione che si domanda, ma la vita stessa del- V uomo che si è coraggiosamente condotto e che finirebbe infallibilmente col soccombere.

DE'PADRINI E DE'LORO DOVERI

I doveri de'padrini si moltiplicano secondo le circostanze e su questa materia si potrebbe scrivere un volume.

Nella scelta che si fa de' propri padrini, se il coraggio è qualche cosa, se l'esperienza è molto, la moralità è anche più, giacchè hanno un altro ufficio dopo la tenzone, quello d'esserne giudici, d'esser i giurati vendicatori della vittima se uno de'combattenti è stato ucciso o ferito fuori le regole da essi adottate.

Il padrino è, per così dire, il confessore di colui che gli accorda la sua fiducia; deve serbar il segreto della sua coerenza e con lui, ottenere. .la rivelazione del SUO pensiero, del SUO desiderio. Così, per esempio, ·un combattente può dire al padrino: - «Fate tutti gli sforzi per evitare una conciliazione;   questo duello ha una causa segreta» -Può anche ·dire: - «Fate ogni sforzo ·per conciliarci» -si pente o desidera non battersi; gli basterà che il suo onore sia salvo, ecc. Se le proposte eh sono fatte al padrino mal si confanno co'suoi principi d'onore, dopo averle combattute, deve rifiutare il Suo concorso, senza tradir il segreto dell'uomo che gli confida sia la sua debolezza sia il suo odio od il suo desiderio di vendetta, sotto pena d'esser egli stesso dichiarato privo di delicatezza. Ma se i padrini debbono giudicare della necessità o dell'inutilità dell'affare, tuttavia, nella conferenza confidenziale e preparatoria che hanno con 1 amico di cui prendono le parti, è lecito a questo, se non trova in essi deferenza alla sua opinione, di ringraziarli ed astenersi dal loro concorso. 11 dritto di questa separazione appartiene al combattente come a'padrini; giacché, supponendo che questi propongano al primo una cosa ch'egli reputa contraria al suo onore, se crede non poter accettarla, poiché sarebbe troppo tardi opporsi al parere dei padrini nel punto del combattimento, egli li rifiuta sul momento e ne sceglie altri. Così, se è dovere de'padrini di portar in queste conferenze la calma e la conciliazione, debbono per altro tener conto del punto d'onore e non fare se non quello che detta loro il cuore e ciò che farebbero per sé stessi.

È uso di ricevere le scuse e le ritrattazioni che sono valevolmente presentate da'padrini. Non contentarsene se sono accettabili sarebbe più che cattiva volontà; tuttavia non si può ciò porre come regola, giacché sarebbe dare ad alcuni troppo grande facilità d'insultar una persona, salvandosi col chiederle scusa, se ella va in collera. Abbiamo punito abbastanza il recalcitrante che non volesse contentarsi delle scuse, dicendo: — «Se colui che ha fatto l'insulto ne fa riparazione, se non è accettata, egli non è più considerato come aggressore; e V onore de'padrini non può per nulla esser leso, presentando scuse se il loro amico ha ingiuriato l'antagonista.»

E principio riconosciuto ed inconcusso che i padrini non debbono permettere al loro amico il duello, se il suo avversario gli è debitore d'una somma di danaro. Così, se un duello è causato da un affare pecuniario ed è provocato dal debitore, i padrini del creditore non debbono lasciarlo battere, se prima il debitore non ha pagato. E questione civile più che questione di duello. Sarebbe veramente un modo troppo facile di pagar i debiti quello di uccidere il creditore, ed i padrini che vietano il duello possono e debbono rilasciarne per iscritto la dichiarazione al loro amico, chiamandosi garanti del suo onore. Il caso è assai diverso per un duello suscitato da interessi pecuniari, se il creditore è invece l'aggressore.

I padrini non debbono mai lasciar battere un uomo con un maestro di scherma, servendosi dell'arma di cui questi fa professione, salvo se il maestro di scherma è stato percosso. In ogni altro caso, l'avversario del maestro avrebbe la scelta delle armi. È un sacrificio che i maestri di scherma debbo-, no alla loro professione.

Accade talvolta, ma raramente, che i combattenti domandino di caricare le armi. I padrini, nel caso che fosse permesso a'campioni di servirsi delle proprie armi, possono concedere loro questo favore, accordandosi fra loro circa la misura della carica. In tal caso ognuno de'combattenti deve caricare innanzi a'padrini dell'avversario; non possono farlo se le armi sono loro estranee.

Un padrino da ogni parte basta pe| duello alla spada, giacché accade, in un affare poco grave, che quattro padrini s' accordano meno facilmente di due e spesso si desidera nascondere un duello; e così il segreto è più facilmente serbato; poi perché ognuno conosce gli usi di questo combattimento, perché quest'arma è la meno pericolosa, e finalmente perché è difficile talvolta d'aver quattro padrini. Ma, come abbiamo detto, vale meglio, se l'affare ha qualche gravità, prenderne quattro quando si può. Il combattimento alla sciabola, più difficile a regolare, e quello alla pistola, non meno difficile e più pericoloso, esigono necessariamente quattro padrini per vegliare alla loro franca e leale esecuzione.

I padrini possono rifiutare che il ferro possa essere deviato con la mano, e se questa convenzione non è stata fatta, debbono -opporvisi, perchè questa maniera di parare darebbe a colui che ne facesse uso un troppo grande vantaggio, sull'avversario; perchè, in secondo luogo, è difficile di scorgere, quando distornasi il ferro con la mano, se questa mano, anche con un movimento tutto macchinale, non ha preso il ferro. Se così fosse, il male sarebbe senza rimedio, e per colui che ne sarebbe, la vittima e per colui che, anche senz'intenzione cattiva, - avrebbe agito contrariamente alle regole del duello. Val dunque meglio che sia una convenzione reciproca di poter- deviare il ferro con la mano, o che ciò non sia permesso né all'uno né all''altro de' combattenti. Non è paralizzare la difesa dell'uno a scapito dell'al¬tro; è pareggiar le probabilità, giacché i mezzi sono pari.

Ci è sembrato saggio di dichiarare che un uomo storpio sia obbligato ad accettar l'arma della persona da lui insultata con percosse o ferite; giacché, insomma, egli può astenersi da un duello; e se si prendesse sempre in considerazione il suo impedimento fisico, diverrebbe, egli impotente, il più vantaggiato, giacché il suo studio s' è interamente portato sulla pistola. Nulla di più giusto per altro d' accettar la sua arma in ogni altro caso. Ma i padrini non debbono lasciarsi trarre in inganno e prender futili impedimenti per una causa necessaria di accettare le armi di un aggressore che si pretendesse impotente a maneggiarne altre. Un uomo che può dare una percossa ad un altro, può anche tenere la spada per farne riparazione.

Se un uomo che ha perduto una gamba fa insulto, è giusto che l'insultato che sceglie le sue armi e che può, nei casi ordinari, scegliere il suo duello e le sue armi (secondo gli art. 9 e '10. del capo 1), possa in compenso di questa facoltà che gli è ritirata dall'art. 48, scegliere, fra' duelli propostigli, quello che gli pare meno svantaggioso per la sua difesa. Gli uomini che hanno perduto una gamba si sono più specialmente applicati alle armi da fuoco, e scegliere il suo duello fra' duelli alla pistola non può essere per l'offeso che un tenue compenso de' vantaggi che perde realmente.

I padrini debbono, a loro rischio c pericolo, arrestar il combattimento quando uno è ferito, giacche se ciascuno dei combattenti ha stretto obbligo di cortesia di fermarsi quando crede aver ferito l'avversario, non v'è però obbligato dalla stretta regola del duello, non dovendo il duello essere sospeso che dalla voce de' padrini; da' loro corpi se la voce non basta. Infatti, potrebbe presentarsi un caso in cui un avversario di mala fede, gridandovi che siete ferito, profitti della vostra esitazione per ferirvi. Ma alla voce de' padrini, i combattenti, feriti o no, debbono fermarsi; nessun pretesto deve impedirli; e chi non obbedisse si renderebbe realmente colpevole di contravvenzione. Se una contravvenzione ha luogo, i padrini debbono arrestare i combattenti a loro rischio e pericolo ; e per farlo più facilmente , sarebbe meglio, senza dubbio, che fossero sempre armati d'una spada, giacché se accadesse, per furore d' uno de' combattenti o per furore d'entrambi, che la loro voce non bastasse c che non potessero fermarli, le loro armi li farebbero rispettare e più facilmente si getterebbero fra loro, essendo anch' essi armati; tuttavolta , bisogna confessarlo, quest'usanza non è molto seguita. Ciò d'altronde riguarda soltanto i padrini.

E' raro di veder i padrini sfidarsi fra loro a duello; giacché è ben inteso, fra noi tutti, che la giustizia, l'equità, la buona creanza sono le basi sulle quali debbono i padrini appoggiarsi per regolare le condizioni d'uno scontro; ed è sicuramente il mezzo d'arrivare prontamente al risultato più equo per le parti contendenti. Se nasce dissidenza fra padrini, essi possono, debbono, in questa occorrenza, scegliere fra gli uomini onorevoli, i vecchi militari di preferenza, un arbitro per conciliarli. Ma dopo aver adempito alle parti di confidenti, di giudici del punto d'onore, di conciliatori, s' è possibile, d'avvocati, per ottenere a pro di colui di cui prendono le parti sia le migliori condizioni, sia riparazioni onorevoli; dopo essere stati giudici del campo, al momento del combattimento non debbono più avere che un solo pensiero, quello di far giustizia del colpevole, se il combattimento trasgredisce alle regole volute. In questo caso debbono, sulla loro anima e coscienza, dichiarare senza parzialità la verità. Non sono più gli avvocati né i padrini de'combattenti; sono loro giudici, null'altro che loro giudici.

OSSERVAZIONI SUL DUELLO ALLA SPADA

Quando si arriva sul campo, assodate tutte le condizioni del combattimento, i padrini, accordatisi su tutte le circostanze di esso (se si fermerà al primo sangue ecc. ecc.) scelgono i posti sul terreno più eguale, misurano le armi che per la più parte sono uguali, giacche i padrini portano quasi sempre un paio di spade. Non pertanto, al momento in cui i combattenti son condotti al loro posto, per formalità si misurano le spade, e se ne dà la scelta a colui che ne ha il dritto.

Le armi non debbono essere intaccate, perché le tacche, afferrando il ferro dell'avversario, lo deviano e lo abbattono più facilmente e la ferita è necessariamente più grave. Il fazzoletto che fascia la mano non deve pendere, perché se, al principio del combattimento, colui che ha il pugno fasciato lascia sventolare un lembo del fazzoletto, il suo movimento agitato e continuo turberebbe la vista dell'avversario e diminuirebbe per quest'ultimo le probabilità favorevoli.

Accade spesso che i combattenti portino su loro medaglie o danaro, o medaglioni o ritratti. Una moneta può salvar la vita. Non sarebbe certo un gran male, ma l'avversario a cui si lira la risposta, non avendo la stessa fortuna, può soccombere per questa ragione medesima. È quindi necessario in uno scopo di giustizia di spogliarsi di tutto ciò che può aiutar l'uno a detrimento dell'altro e i combattenti debbono affrettarsi di dar la prova che non portano addosso nessun corpo estraneo capace di parare un colpo di spada.

Nell'ardore del combattimento, in una risposta vivace, per esempio, può accadere che non si sia avuto il. tempo di vedere se l'avversario è disarmato. Abbiamo perciò aggiunto all'art. 18 la parola «visibilmente;» ma quand'uno de'combattenti ha veduto che l'avversario è disarmato, deve, senza aspettare la voce dei padrini, dare un passo indietro e fermarsi. E se i padrini hanno potuto vedere che la spada era uscita dalla mano prima della risposta, il combattente armato dev'essersene avveduto; e se ha toccato il nemico, ha agito contro le redole stabilite. Se fossero in ciò fatte più larghe concessioni, finirebbesi per ferire l'avversario quando la sua spada sarebbe a terra. È dunque il tempo e • la posizione che debbono stabilire il giudizio dei padrini; essi non debbono starsene che1 alla loro opinione per giudicare quest'importante questione.

Il combattente che ha ferito l'altro deve, secondo le regole della delicatezza e del punto d'onore ben inteso, dare indietro, restare in guardia e fermarsi; ma perché accade spesso che una ferita è appena sentita, il combattimento non è veramente arrestato, secondo le regole del duello, che dal veto dei padrini, o in caso di disarmo. La ragione ne è semplice. Spesso il ferito continua ed il feritore è obbligato a difendersi. E talvolta ancora il feritore, non vedendo scemare il vigore dell'avversario, crede non averlo toccato.

Il combattente ferito può non ricominciare se lo crede conveniente, ma se vi acconsente, i padrini saranno liberi di permetterglielo e debbono non lasciar passare dieci minuti prima di farlo mettere in guardia.

OSSERVAZIONI SUL DUELLO ALLA PISTOLA

Di tutti i duelli, il più pericoloso è il duello alla pistola.

Ordinariamente si guarda poco se le armi sono cannellate o no. È per distruggersi, dicesi, che si va sul terreno; ma quando un uomo è bagnato del suo sangue, quando il furore cede alla pietà, quando l'ingiuria è vendicata, si vorrebbe spesso, a prezzo d'una ferita, salvare la vita dell'uomo che cade e soffre; forse sarebbe salvo se le pistole non fossero state cannellate. Malgrado questa ragione non è una regola di servirsi esclusivamente di pistole non cannellate, ma è un atto di umanità e di prudenza.

La mira delie armi è spesso mobile e dev'essere ben ferma, perché sarebbe possibile che la malevolenza, il tradimento, che vegliano accanto all'odio, impegnassero sia un padrino fellone, sia un combattente che si servisse, delle proprie armi a spostare prima le mire. Potrebbe sul terreno stesso, al momento in cui gli si dà la pistola, regolare presso a poco la mira spingendola, ed avere cosi un gran vantaggio sull'avversario.

Nel caso che le distanze non fossero sottoposte all'arbitrio dell'offeso, ma fossero invece da convenirsi fra padrini, può essere preso un termine medio fra le distanze prescritte ad ogni duello; ma non debbono mai essere minori di 45 passi e di 25 pel duello al segnale. È anche necessario che ogni combattente possa avanzare dieci passi ne'duelli camminando.

Se i padrini non fossero d'accordo sulle distanze, avendo ognuno detenni-» nato quella di sua scelta, sarebbero tirate a sorte, ovvero i padrini s'accorderebbero, dividendo la differenza delle distanze.

Quando d' accordo sulle distanze, si scelgono i posti sopra un terreno unito, bisogna badare che uno dei combattenti non si trovi posto innanzi ad un bersaglio che lo circonda ed aiuti a prenderlo di mira, e che l'altro abbia dietro di sè l'orizzonte, e cosi isolato, trovisi in posizione troppo vantaggiosa. Bisogna anche evitare che uno de'campioni abbia dirimpetto il sole o il vento. Esistono divergenze d'opinione su molti punti e fra gli altri sulla questione di sapere se, in certi casi, si può accordare ad uno de'combattenti il dritto di tirar il primo. Due persone di merito m'hanno trasmesso le osservazioni che seguono:

«Stento a comprendere, mi scrive l'una, in che la distanza possa influire sul modo di combattimento e perché l'insultato che fa fuoco il primo quando la distanza è di trentacinque passi debba cessare d'avere questo privilegio e debba affidarsi alla sorte quando la distanza è minore. In generale, l'insultato fa fuoco il primo. Non si vale sempre di questo dritto, ma parrai che esso gli competa e che dovrebbe essergli mantenuto.»

«Tutte le disposizioni del vostro Codice del duello, — mi scrive l'altro, — mi sembrano savissime. Non posso che approvarle interamente, tranne però quella che concede all'offeso il dritto di far fuoco il primo. Nel duello alla pistola ho sempre pensato che la scelta delle armi debba essere il solo privilegio spettantegli. Questa opinione l'ho sostenuta come padrino» Mi son son affrettato a sommettere al giudizio de'miei amici questa opinione contraddittoria e l'art.8 del duello a piè fermo è stato, mantenuto dopo matura riflessione all'offeso non spelta che la scelta delle armi; l'offeso con insulto grave non ha diritto di far fuoco il primo se non quando le distanze sono dai padrini fissate a 35 passi; e finalmente il dritto di far fuoco, il primo non appartiene all'offeso con percosse o ferite se non nel caso che fissasse la distanza di 35 passi. L'art. 8 del duello a piè fermo prende un termine medio fra queste opinioni opposte.

NEL DUELLO ALLA PISTOLA, CAMMINANDO, quando uno de'combattenti ha fatto fuoco, colui che avrebbe conservato la pistola carica può avanzare per far fuoco, fino alla linea di limite, ma l'altro non è più obbligato ad avanzale, e deve soltanto aspettar il fuoco schermendosi col suo corpo stesso il più che sia possibile. Non essendo stabilita la rapidità del passo quando gli avversari avanzano, quegli che fa fuoco il primo ha dinanzi un bersaglio mobile perciò men facile a colpire. Cosi lo svantaggio di far fuoco il primo trovasi compensato dal vantaggio di aver un bersaglio immobile. Se gli avversari, nel duello camminando, hanno ognuno due pistole ed uno di loro è ferito, bisogna, per pareggiar i vantaggi, che il combattimento sia arrestato, giacche il ferito sarebbe ancora esposto al fuoco dell'avversario, se questi avesse conservato il secondo colpo, e vi sarebbe esposto in modo svantaggioso, giacché f avversario rimasto incolume avrebbe tutta la forza e tutta la freddezza perdute dall' altro. Vero è che se il ferito ha ancora i due colpi da sparare, le probabilità si pareggiano. L'atto d'arrestare il duello è svantaggioso, è vero, ad uno de'combattenti, ma è prodotto dal caso; e questa regola stabilita non lascia d' esser imparziale, giacche entrambi i combattenti ' prima del duello son esposti a subirla. Questa regola è tanto più morale quanto che non potrebbesi vedere senza ripugnanza un uomo intatto far fuoco contro un uomo già ferito da una palla né sarebbe conveniente che colui che resta intatto ricevesse, ad una distanza talvolta brevissima, due colpi che possono dargli la morte, senza che possa arrestar il fuoco con l'arma che gli resta. insomma, qual è descritto, questo duello non può fare che una vittima.

NEL DUELLO A LINEE PARALLELE, benché si cammini, la distanza non può essere maggiore di 35 passi, perché i padrini camminano quasi di faccia al loro amico, ed essendo i fuochi incrociati, essi sarebbero troppo esposti. Debbono necessariamente porsi dietro la loro parte avversa, alla sua destra, in modo da non essere colpiti dal fuoco del loro amico. Si avvicinano, a misura che i combattenti s'avanzano, e questi da ultimo trovansi l'un dall'altro discosti 25 passi, o 45, se le distanze sono minori.

NEL DUELLO AL SEGNALE, se l'intervallo de'segnali battendo le mani non fosse determinato, il padrino d'un uomo che è un buon tiratore darebbe il segnale. lentamente, perché il suo amico potesse bene prender di mira l'avversario; al contrario il padrino del meno esperto darebbe il segnale rapidamente per paralizzar i mezzi del più destro. Non essendo buono questo duello che a pareggiar i vantaggi fra un uomo esperto ed uno inesperto, è necessario di fissar il tempo del segnale. È giusto che la facoltà di darlo appartenga al padrino di colui che ha ricevuto l'oltraggio più grave, com'è detto all'art. 8 del presente duello.

Bisogna, lo ripeto, sparar al terzo segnale, e far fuoco simultaneamente. È cosa grave: trattasi della vita e del-d'onore; non v' è per far fuoco prima, o per far fuoco dopo il segnale né la scusa dell'agitazione né alcun'altra scusa possibile.

Ha fatto meraviglia ad alcuni che nelle regole de' vari duelli alla pistola, il ferito abbia uno spazio di tempo maggiore per far fuoco. La ragione ne è per altro semplicissima: nel duello a piè fermo facendo fuoco gli avversari V uno dopo l'altro, avendo essi tutto il tempo necessario per studiare la mira prima del primo fuoco, accordandosi un minuto a quello che non ha ancora risposto al fuoco dell'antagonista, ancorché non sia ferito, bi-sogna naturalmente accordargli un tempo doppio se è ferito. Nel duello camminando, perdendo che è caduto e ferito il vantaggio di avanzare (fino alla linea di demarcazione che gli era stata indicata, bisogna accordargli un minuto di più per compensare il danno che prova di non poter più accorciare la distanza che lo separa dall'avversario. Non è lo stesso nel duello a cammino interrotto, giacché al primo colpo i campioni restano fermi. Colui che è ferito non perde dunque più il vantaggio di avanzare, non ha bisogno di compenso, ed un minuto gli è più che sufficiente Per far fuoco, se ne ha la forza e la Volontà.

OSSERVAZIONI SUL DUELLO ALLA SCIABOLA

L'autore, ni' è stato detto, sembra in qualche modo discostarsi dallo scopo principale del suo libro, che è di diminuire, per quanto è possibile, il numero de'duelli, determinandone invariabilmente tutte le regole: infatti non è creare un nuovo genere di duello lo stabilire le con¬dizioni del duello alla sciabola senza punta?

Ho fatto ogni sforzo per diminuire il numero de'duelli, è vero, ma anche per rendere i combattimenti meno pericolosi, se è possibile. Ho annoverato questo fra i duelli legali, perché è in uso in Francia e fuori, e perché la menoma ferita deve mettervi line; è un duello poco pericoloso, un duello per lavar un'ingiuria e non per vendicarsi, un duello al primo sangue.

Tentiamo quindi combattere l'inumanità del duello dando questo per legale. Certo, debbo ringraziare colui che m'ha fatto l'osservazione accennata, giacché è stata fatta visibilmente per timore che uno degli avversari, nell'ardore del combattimento, non si lasciasse trascinare a portar un colpo di punta e non nel caso degli art. 20 e 21 del capo IV: il che infatti accadrebbe, se trasgredisse le condizioni di questo combattimento. Tuttavia, riconoscendo la verità dell'osservazione, se uno degli avversari dichiarasse che non può esser abbastanza padrone di sé per non vibrar colpi di punta, se teme di mancar alle leggi del duello e del- 1 onore, i padrini sarebbero obbligati a mandar a male un paio di sciabole, troncandone le punte. Possono anche permettere, soprattutto se fa freddo, di conservar un corpetto di lana c la camicia ed anche che i combattenti si coprano la faccia con maschere da scherma, se la convenzione è reciproca.

In questo duello ed in quello alla sciabola che precede, il combattente che vede l'avversario disarmato deve, senza aspettar la Voce de'padrini, dar indietro e fermarsi. La cortesia e la delicatezza gl'impongono anche di dar indietro, fedi fermarsi se crede aver ferito avversario. 1 combattenti ed i padrini, in questi vari casi, debbono seguire le stesse istruzioni che nelle osservazioni sul duello alla spada.

OSSERVAZIONI SU DUELLI ECCEZIONALI

Ne nostri costumi, il duello ordinario basta per soddisfare al nobile bisogno di lavar un'offesa, ed il duello eccezionale è troppo spesso l'espressione d'un profondo sentimento d' odio e di vendetta. Senza dubbio l'uomo storpio, impotente, valetudinario, che è stato vigliaccamente insultato e non può che ricorrere a questi duelli, potrebbe far appello alla delicatezza de' padrini e domandar un combattimento eccezionale. Ad essi soltanto appartiene il dritto di apprezzarne la necessità, di farne una giusta applicazione e di proporlo al loro amico, allegando nel processo verbale le ragioni che hanno potuto indurli a pareggiare cosi i rischi. Ma noi non possiamo ammetterne la legalità; giacché il duello d'eccezione è talvolta una sanguinosa assurdità, non solo a causa del sangue, ma a causa del doppio pericolo dell'uomo di buona fede che andrebbe a porsi di faccia ad un traditore; E soffrire il duello con una sola arma carica non è un rivendicare l'orribile eredità de' tempi di barbarie? Non è far rivivere quell'usanza del campo chiuso e del giudizio che gli uomini chiamavano giudizio di Dio?

Le precauzioni minute prese nell'articolo 3, che riguarda questo duello, non sono state così particolareggiate se non per evitare il tradimento, per aver la certezza che nessun segno può indicare a'combattenti o ad uno di loro qual è l'arma carica.

L' art. 10 di questo duello è stato fatto segno a molti reclami.

«Come, — mi scrivono, — intende- ' re l'importanza data al momento in cui uno degli avversari fa fuoco, giacche una pistola è carica e l'altra non lo è?

«Pensate — mi dice un onorevole presidente, — che in questo duello la sola via di scampo è d' avere o di non avere l'arma carica. Ora, se uno dei combattenti fa fuoco prima o dopo il segnale, importa poco. Non ucciderà con una pistola scarica, o ucciderà con l'ultra. Non è dunque un assassinio il far fuoco troppo presto.» «Non hai senso comune nell'art. 10, — mi dice un amico. — Nulla importa di sparare più presto o più tardi, giacché anticipatamente la sorte ha deciso quale de' due combattenti sarà ucciso o ferito.»

L' importanza di sparare simultaneamente, eccola: quando un uomo si batte con un'arma carica, può pensare così: — «Farò fuoco il primo; se uccido l'avversario, ne sarò sùbito sbarazzato. Se ho avuto la cattiva scelta delle armi, la mia vita sarà in suo potere, e perché è un uomo coraggioso quanto generoso, potrò molto sperare dalla sua generosità.» — Infatti, colui che ha acquistato la certezza che la sua vita è fuori pericolo, risente senza volerlo un benessere che Io porla a tutti i movimenti generosi e poi far fuoco contro un uomo ormai, inerme, contro un uomo che non può più fargli male, a cui può dare la vita, accordar una grazia, un perdono, tutto ciò fa molta forza sull' animo; spara in aria o rimette l'arma a'padrini. Ha fatto una buona azione, lo crede almeno e se ne va col cuore contento. L'offesa è ben lavata s'egli l'ha subita; lavata se egli l'ha fatta, giacché ha renduto ragione e non merita più che riconoscenza. Dice tutto ciò a sé stesso e s'applaudisce. Ed io. dico che ha lasciato un fellone sulla terra, un miserabile che bisogna punire severamente, che bisogna svergognare, giacché ha avuto per sè tutte le probabilità d'un combattimento che doveva esser uguale. Il trasgressore ha commessomi assassinio, lo ripeto. E perciò appunto quelle parole che sembrano non ponderate, può con ogni coscienza bruciargli le cervella— sono state mèsse come una diga al tradimento. I padrini vedranno dunque che bisogna, infamare colui che, facendo un calcolo tanto vile, uccide perchè ha avuto la fortuna dell'arma carica: giacché non può più ottenere la sua grazia, essendo morto colui che generosamente gliel'avrebbe accordata.

FINE

Intimamente convinti che le intenzioni dell'autore, lungi dal propagare il duello, tendono al contrario a scemarne il numero, a regolarlo, ed evitare gli accidenti funesti, i sottoscritti approvano pienamente le norme poste e sviluppate in quest'opera.

Il maresciallo conte diLobau,pari di Francia.

Il maresciallo conte Molitor,pari di Francia.

Il vice-ammiraglio marchese di Sercey, pa¬ri di Francia.

Il luogot. generale duca di Guiche.

Il luogot. generale conte Dutaillis, pari di Francia.

Il luogot. generale duca de Doudeauville.

Il luogot. generale conte de la Grange, pa¬ri di Francia.

Il luogot. generale visconte de Cavaignac.

Il generale de Feurolles.

Il luogot. generale conte de la Houssay.

Il generale conte Friant.

Il luogot. generale barone Billard.

Il luogot. generale conte Claparède, pari di Francia.

Il generale conte Clary.

Il generale Miot.

I! generale A. de Saint-Yon.

Il luogot. generale Pierre Boyer.

Il generale Bernard.

Il luogot. generale conte Merlin.

Il luogot. generale d'artig. conte Villaret de Jiyeuse.

Il luogot. generale de Solignac.

Il generale visconte de Maucomble.

Il luogot. generale d' artig. barone Gour- gaud.

Il luogot. gen. Excelmans, pari di Francia.

Il colonnello de Rossi.

Il colonnello L. Brack.

Il colonnello da Garaube.

Il luogot. colonnello conte de Maussion.

Il luogot. colonnello R. de Grandmont.

Il luogot. colonnello J. Combe.

Il luogot. colonneMo de Casanova.

Il luogot. colonnello de Lherminier.

Il luogot. colonnello barone E. de Mar- gueritUs.

Il colonnello G. N. conte de Lariboissière pari di Francia.

Il colonnello G. N. Le Mercier.

Duca d'Istria, pari di Francia.

Duca di Saulx Tavannes, pari di Francia.

Il principe Aless. de Wagram,pari di Francia.

Il capo di squadrone conte de Sercey.

Il capitano conte de Grabowski.

Luigi Paira.

Principe Poniatowski.

Conte de P'aisance.

Visconte Daure.

Marchese di Bellemont.

Visconte Cariai.

Conte de Montholon.

Visconte Walch.

De Messimieux.

Il commendatore conta Ch. de Nieuwerkerke.

Du Suau de la Croix

Il capitano marchese de Livry.

G. de Martignac.

Gaetano Murat.

Contò di Pontcrtrré.

Marchese de Quemadeuc.

Ed. Faye.

Barone d'Aubigny.

Il capitano degli usseri conte Walewski.

Ed. Adam.

Il capitano de'dragoni E. d'Hervas.

G. de la Rifaudière.

Conte di Clermont Mori t-Saint Jean.

Il capitano conte de Clerembault.

Conte de Langle.

Merle.

Visconte Dutaillis.

Il comandante conte de Waleswki.

A. Dufougeras.

Phil. Martines.

M. Ddaunay.

Conte F. de la Grange-

Barone di Prejan

Brivois.

Visconte di C^ntades.

Conte di Hallay Coetquen.

Alessandro DamasJ, marchese Davy de la Pailìeterie.

Il signor ministro della guerra, i signori prefetti ec.ec. hanno anch'essi approvato per lettera, come uomini, ciò che non hanno potuto firmare come ministri.

INDICE

Il conte di Chatauvillard.

Louis Alfred Le Blanc de Chatauvillard non ha lasciato molte tracce tra i biografi del XIX secolo. D'altra parte, leggere i giornali dell'epoca rivela che ai suoi tempi era una figura di spicco. Il conte, nato nel 1800, era un mondano. È stato spesso definito uno dei membri fondatori del Jockey Club. Questa affermazione non è del tutto corretta. Ma fu uno dei primi membri ricevuti dalla venerabile istituzione, e in essa si distinse fortemente. L'uomo era ricco; Si dice che alla sua morte nel 1869 lasciò in fortuna 3,5 milioni di franchi, suddivisi in edifici, tra cui un bellissimo pezzo di terreno situato a Villiers, vicino alla foresta di Fontainebleau (Le Gaulois, 22 gennaio 1870).

Il conte è stato lodato per le sue qualità sportive, come per la sua penna. Così, Le Figaro ha riferito: "un uomo di spirito e modi eleganti, un grande sportivo e un ottimo scrittore, un uomo alla moda, ricco e coraggioso, il signor de Chateauvillard era uno dei figli viziati della fortuna" (Le Figaro, 25 giugno 1869). Innamorato degli sport equestri, della nautica, il conte era noto anche per le sue eccentricità: "Monsieur de Châteauvillard, il padre, l'autore del Codice del Duello, un perfetto grande signore, le cui originalità erano tutte segnate nell'angolo della sua mente, fece notizia "(Le Figaro, 25 giugno 1869). La famosa partita di biliardo che aveva a cavallo al primo piano del Jockey era una lunga parte delle cronache sociali dell'epoca, proprio come quando attraversò, sul suo fedele destriero cosacco, una tavola imbandita. Per fortuna la moglie lo ha salvato da alcune delle sue sfide più pericolose, soprattutto quando aveva in mente di attraversare il Pont-Royal, a cavallo, sul parapetto (che purtroppo ha costretto la moglie ad uccidere il suo cavallo per evitare un incidente al marito., vedi Le Gaulois, 22 gennaio 1870).

Il conte di Chatauvillard, un uomo del duello.

Quindi era un uomo di mondo. Era quindi naturale che si interessasse a un'attività del mondo, molto francese: il duello.

All'epoca era una passione francese, e non saranno Maupassant e Bel-Ami a negarlo. Il problema però era che, anche se si potesse scrivere, con una certa forma di cinismo, che il "duello è la formalità prerequisito per la riconciliazione tra due nemici (A. Bierce, Dictionnaire du Diable), questo ha causato molto danni dell'alta società del tempo. Inoltre, si svilupparono due atteggiamenti di fronte a questo antico fenomeno che Richelieu aveva cercato così duramente di combattere, due atteggiamenti che si oppongono al diritto e all'onore. E questo è il secondo passo richiesto dal conte di Chatauvillard. La sua introduzione non potrebbe essere più chiara: "Se il codice del Duello è fuori dalle leggi, se non può esserci un codice diverso da quello sancito dalla legge, non esitiamo però a dare questo nome alle regole imposte per l'onore, perché l'onore non è meno sacro delle leggi del governo ".

Per Chatauvillard, qualunque cosa accada, non importa quanto bandiamo, niente andrà bene: il duello persisterà. Quindi è meglio formalizzare le regole in modo che i veri assassini possano essere puniti, quando usano una questione d'onore per risolvere le loro controversie che non ne rientrano. Per erigere un diritto al duello, è per "la salvaguardia di tutti". Quindi, "se viene violato, se il sangue di una vittima viene a gridare vendetta; sarà lì, travolgente per l'uomo senza fede". E viceversa, "sarà di nuovo lì per sostenere l'uomo coraggioso che verrebbe accusato di omicidio, per difenderlo, assolverlo e far cadere su chi lo aggredisce l'infamia di un'accusa biasimevole". Crede che le sorprese nello svolgimento dei duelli dovrebbero essere evitate a tutti i costi. E questo è l'intero scopo di questa codificazione privata che ha avuto alcuni predecessori all'estero, in particolare nel Regno Unito (il Codice Clonnel nel 1777 o il Codice del duello britannico nel 1824).

È stato un piccolo gruppo di amici a sollecitare il conte a pubblicare questo saggio, di cui proponiamo qui l'edizione originale: Conte generale Excelmans, Conte du Hallay-Coëtque, Barone generale Gourgaud, Brivois, Vicomte de Contades. Il saggio del conte de Chatauvillard è tanto più singolare in quanto è avvenuto appena un anno prima di una famosa sentenza della Corte di cassazione del 15 dicembre

1837, in cui la Corte ha seguito le conclusioni dell'avvocato generale Dupin. Così l'omicidio duellante era diventato omicidio, semplicemente perché non era possibile fare dell'abolizione della legislazione speciale per i duelli una tacita eccezione a loro favore.

Eppure il lavoro di Chatauvillard ha continuato a essere letto, praticato e utilizzato ampiamente, il suo autore è stato considerato "un vero legislatore del punto d'onore". Quindi doveva avere forza di legge (A. Croabbon, La science du point d'honneur, Paris, 1894, p. 5). Va detto che il lavoro del conte aveva previsto e contemplato tutto, sotto forma di regole semplici e raffinate: dalla definizione del reato al ruolo dei testimoni, compresa la natura delle armi da utilizzare e l'effettivo svolgimento del duello. Stricto sensu, il codice del duello occupa solo le prime 86 pagine dell'opera del conte. Segue un elenco di figure ufficiali che approvano espressamente le regole contenute in questo lavoro. La maggior parte del libro è poi dedicata ai commenti, comprese lunghe osservazioni dedicate al duello con spada, sciabola, pistola. Infine, c'è una dissertazione sui duelli e sulle vecchie leggi su questa materia così strana, di cui i legislatori si sono subito occupati.

www.ingramcontent.com/pod-product-compliance
Lightning Source LLC
Chambersburg PA
CBHW070919160726
48004CB00003B/1429